ÉTIENNE-JULES-FRANÇOIS HARMAND

V^{TE} D'ABANCOURT

1807-1875

DISCOURS DE MM. LE BARON DE BENOIST
LE PREMIER PRÉSIDENT DE ROYER
ET LE PRÉSIDENT SALMON

ÉTIENNE-JULES-FRANÇOIS HARMAND

 Vᵗᵉ D'ABANCOURT

1807-1875

DISCOURS DE MM. LE BARON DE BENOIST
LE PREMIER PRÉSIDENT DE ROYER
ET LE PRÉSIDENT SALMON

Étienne-Jules-François HARMAND
Vᵀᴱ D'ABANCOURT

24 NOVEMBRE 1875

Nous venons d'assister, avec toute la ville de Verdun, aux obsèques de M. le vicomte d'Abancourt, chevalier de la Légion d'honneur, greffier en chef honoraire de la Cour des Comptes, membre du Conseil général de la Meuse et président de la Société d'Agriculture de l'arrondissement de Verdun.

C'est en venant présider une réunion de la Société d'Agriculture à laquelle il a donné tant de preuves de son dévouement, que M. le vicomte d'Abancourt a été frappé d'une attaque d'apoplexie qui l'a enlevé, quelques heures après, à l'affection de sa famille, et de ses nombreux amis.

Tous nos concitoyens ont tenu à rendre un dernier et solennel hommage à celui qui s'est toujours montré, dans sa carrière, complètement dévoué aux intérêts du département et en particulier à ceux de la ville de Verdun.

Le deuil était conduit par son fils, M. le vicomte d'Abancourt, conseiller référendaire à la Cour des Comptes, et membre du Conseil d'arrondissement pour le canton de Clermont.

Un grand nombre de membres du Conseil général, ses collègues, assistaient à cette triste cérémonie, à laquelle étaient accourues des députations des cantons de Clermont, Varennes et Triaucourt.

Les coins du poêle étaient tenus par M. le général commandant la subdivision, M. le Sous-Préfet, M. Buvignier, premier adjoint au maire de Verdun, et M. le baron de Benoist, ancien député.

Une députation militaire et un piquet d'infanterie ont rendu au défunt les derniers honneurs.

Après la cérémonie, le corps a été provisoirement déposé dans une chapelle de la cathédrale, en attendant son inhumation dans un caveau de famille, à Neuvilly. Alors une voix amie dira ce que fut M. d'Abancourt et tout le bien qu'il a fait à son pays.

(*Courrier de Verdun*, 26 novembre 1875.)

Nous apprenons la mort de M. le vicomte d'ABANCOURT, greffier en chef honoraire de la Cour des Comptes, membre du Conseil général de la Meuse, et président de la Société d'Agriculture de l'arrondissement de Verdun.

Il est mort subitement, frappé d'apoplexie foudroyante, au moment où il venait présider une réunion de la Société d'Agriculture à laquelle il consacrait tous ses soins.

Une assistance nombreuse avait voulu rendre un dernier et solennel hommage à celui qui fut un homme de haute valeur et, de plus, un homme de bien.

(*Figaro*, 1er décembre 1875.)

M. le vicomte HARMAND D'ABANCOURT, membre du Conseil général de la Meuse, est mort à Verdun le 25 novembre. Il était neveu et gendre du président d'Abancourt, ancien Pair de France.

(*Journal des débats*, 1er décembre 1875.)

M..LE VICOMTE HARMAND D'ABANCOURT.

Une mort inattendue a récemment enlevé au département de la Meuse un de ses hommes les plus distingués, M. le vicomte HARMAND D'ABANCOURT, ancien greffier en chef de la Cour des Comptes, membre et plusieurs fois secrétaire du Conseil général de la Meuse, président de la Société d'Agriculture de Verdun.

Il a été frappé subitement dans la ville de Verdun en se rendant à une séance de la Société d'Agriculture : il est donc tombé dans l'accomplissement de ses fonctions, et au milieu de ceux qui avaient été pendant de longues années les témoins et les collaborateurs de ses travaux.

Les derniers honneurs lui-ont été rendus dans la cathédrale de Verdun : le deuil était conduit par M. Emile Harmand d'Abancourt, conseiller référendaire à la Cour des Comptes, membre du Conseil d'arrondissement de Verdun, digne fils à tous égards de celui qui vient de nous être enlevé, et sur les traces duquel il marche d'un pas résolu.

Une partie de la population de Verdun a assisté à ses funérailles, auxquelles se sont également rendus, malgré les intempéries d'une saison fort rigoureuse, un grand nombre d'habitants de Triaucourt, berceau de la famille d'Abancourt, du canton de Clermont, que M. d'Abancourt représentait et dont il défendait les intérêts avec tant d'ardeur au Conseil général, et de celui de Varennes, où il comptait de nombreux amis.

Son corps a été déposé provisoirement dans une des chapelles de la cathédrale : il sera inhumé ultérieurement dans le cimetière de la commune de Neuvilly, sur le territoire de laquelle se trouvent le domaine et le château d'Abancourt.

Nous ne doutons pas qu'alors une voix plus autorisée que la nôtre ne rappelle les traits principaux de cette noble existence et n'énumère les titres nombreux qu'emporte M. Harmand d'Abancourt à l'estime et aux regrets des habitants de la Meuse.

Mais nous manquerions au premier de nos devoirs si, organe des quatre Sociétés d'Agriculture du département, nous n'affirmions hautement que M. Harmand d'Abancourt, par la haute intelligence, le dévouement sans bornes et l'infatigable activité qu'il a toujours déployés dans la défense des intérêts agricoles de notre pays, a bien mérité de l'agriculture meusienne.

(*Cultivateur de la Meuse*, 15 décembre 1875.)

OBSÈQUES DE M. LE VICOMTE D'ABANCOURT.

Hier mardi, 21 décembre, a eu lieu à Neuvilly, sa paroisse, l'inhumation de M. le vicomte d'ABANCOURT, décédé à Verdun le 24 du mois dernier, chez M. Lagarde, négociant, dont la famille s'est montrée pleine de dévouement, en ces pénibles circonstances.

La cérémonie religieuse avait été fixée à 10 heures et demie. A l'heure indiquée, l'église de Neuvilly se remplissait rapidement d'une foule nombreuse et sympathique accourue, non-seulement du village où le défunt était respecté et vénéré, mais encore de toutes les communes environnantes et notamment de Clermont.

Presque tous les maires du canton avaient voulu, par leur présence à ses obsèques, rendre ce dernier devoir à celui qui fut M. d'Abancourt.

Son corps reposait, à l'entrée du chœur, entouré de flambeaux et couvert de couronnes d'immortelles.

Les coins du poêle étaient tenus par MM. le général Daguerre, commandant la subdivision de la Meuse; de La Rigaudie, sous-préfet de Verdun; baron de Benoist, maire de Waly; Buvignier, 1er adjoint de Verdun; Franquin, juge de paix de Clermont, et Gaillard, maire de Neuvilly.

Dans le chœur, se trouvait un grand nombre de prêtres, rendant aussi hommage au bienfaiteur du pays.

La messe fut chantée par M. l'abbé Thomas, vicaire général du diocèse.

Les prières de l'absoute furent dites par Monseigneur l'Évêque de Verdun qui, depuis plusieurs années, avait su apprécier les nobles qualités et le cœur généreux de M. le vicomte d'Abancourt.

Après la messe, Monseigneur s'est mis lui-même à la tête du cortége silencieux et recueilli qui conduisait le corps du regretté défunt au caveau de famille qui se trouve creusé dans le cimetière de Neuvilly.

Sur la tombe entr'ouverte M. le baron DE BENOIST a prononcé, d'une voix émue, les paroles suivantes, écoutées avec une religieuse attention par la foule qui se pressait autour de lui :

MESSIEURS,

Je ne puis laisser fermer cette tombe sans me faire l'interprète des sentiments de douleur et de regret que nous avons tous ressentis en apprenant la mort imprévue de celui qui fut l'ami fidèle de la plupart d'entre nous, le protecteur dévoué de tous les intérêts de son pays et de ses concitoyens.

M. Étienne-Jules-François HARMAND, vicomte d'ABANCOURT, greffier en chef honoraire de la Cour des Comptes, membre du Conseil général de la Meuse et président de la Société d'Agriculture de

Verdun, appartenait à une de ces anciennes et honorables familles de Lorraine où le patriotisme est héréditaire et qui ont su allier aux vieilles traditions les généreuses inspirations des temps nouveaux.

Officiers ou magistrats, ses ancêtres lui avaient légué de nobles exemples de dévouement au pays. Ils l'avaient toujours servi avec fidélité et distinction soit à l'armée soit dans les fonctions judiciaires et administratives.

Notre Argonne garde le souvenir de M. Harmand, avocat général du Barrois et Lorraine, maître des eaux et forêts du comté de Beaulieu. Les hussards de Berchiny s'honoraient de marcher à l'ennemi sous le commandement du général de Vandale. C'étaient les aïeuls de l'ami que nous avons perdu.

Avec tous les esprits sérieux et prévoyants, ses parents s'étaient associés au mouvement qui s'empara de la nation à la fin du siècle dernier. Ils voulurent sincèrement les réformes que le bon sens et la justice réclamaient; et l'un d'eux fut député par ses concitoyens aux États généraux pour concourir activement à cette grande tentative de rénovation sociale.

Dans ces moments si tourmentés, les Harmand d'Abancourt se firent surtout remarquer par leur modération et leur amour exclusif de la France; aussi au rétablissement de l'ordre, Napoléon qui se connaissait en hommes de mérite, leur confia l'administration de deux grands départements. Bientôt celui des Ardennes, reconnaissant les services de son préfet, le nomma député. Dans cette nouvelle situation, l'oncle de M. d'Abancourt, qui devait devenir son beau-père, eut l'occasion de prouver sa haute capacité et sa juste entente des vrais intérêts du pays. Il concourut activement à la liquidation de l'indemnité des émigrés et dut à ce grand travail son entrée à la Cour des Comptes. Au bout de quelques années, il devint un de ses présidents. A l'autorité de sa charge, le président d'Abancourt joignait celle d'un grand caractère, aussi fut-il désigné, pour une plus haute assemblée où l'appelaient ses lumières et ses services; il fut nommé pair de France.

C'est sous le patronage de ces hommes éminents et avec leurs grands exemples que celui que nous pleurons entra à la Cour des Comptes. Il se fit remarquer dans cette Cour souveraine parmi les plus laborieux; et il sut, tâche difficile, prolonger et creuser le glorieux sillon ouvert par le président d'Abancourt et si dignement continué de nos jours par son petit-fils; de sorte que nous avons le droit de dire que le nom des d'Abancourt appartient désormais à la Cour des Comptes, et y est entouré de la juste et grande considération due aux services de trois générations.

Mais les fonctions de greffier en chef ne pouvaient suffire à l'activité de celui qui ne se reconnaissait pas le droit au repos tant que son pays avait besoin de son active intelligence. Un grand intérêt passionnait alors tout l'arrondissement de Verdun. Il s'agissait d'obtenir pour une contrée déshéritée un chemin de fer sans lequel ne pouvaient vivre ni prospérer son agriculture, son industrie ni son commerce.

M. d'Abancourt, dévoué aux intérêts de l'Argonne où il s'était définitivement établi, avait vite compris que pour atteindre un si grand résultat, pour vaincre les résistances obstinées, il fallait le concours de toutes les volontés. Il sut enflammer tous les courages, susciter toutes les initiatives, éviter les écueils et prouver au canton de Clermont qu'il était vraiment l'homme du pays; aussi fut-il porté au Conseil général par acclamation.

Dans cette assemblée, M. le vicomte d'Abancourt se fit de suite apprécier par tous ses collègues. Son exquise urbanité, la droiture de son jugement, la sûreté de ses relations, la fermeté de ses principes et la modération de son caractère lui avaient concilié toutes les sympathies; il ne comptait que des amis même parmi ses adversaires. Sa connaissance de l'administration et son expérience des affaires lui donnaient une grande autorité. On le savait laborieux et on ne craignait pas de lui confier les tâches les plus difficiles. C'est ainsi qu'il accepta les dures fonctions de secrétaire du Conseil général dont son âge lui donnait le droit de s'exempter.

Au milieu de tant de préoccupations, il trouvait encore le moyen de servir tous les intérêts privés qui s'adressaient à son absolu dévouement. Ils sont innombrables ceux qu'il a obligés, et personne ne peut dire avec quelle abnégation il s'imposait les démarches les plus pénibles et les plus multipliées pour rendre un service au plus obscur de ses concitoyens. C'est que, Messieurs, élevé dans la magistrature et fidèle à la maxime de la véritable aristocratie : *Noblesse oblige*, le vicomte d'Abancourt ne pouvait apprendre un droit méconnu, un intérêt légitime en souffrance sans se constituer son infatigable défenseur!

Aussi quelle popularité de bon aloi et quelle reconnaissance il a su se concilier dans tous les cœurs! Vos larmes et le concours de tant d'amis, qui s'empressent à ses doubles funérailles, en sont le témoignage le plus éloquent!

C'est surtout à la classe des cultivateurs, si digne de notre sollicitude, que M. d'Abancourt, grand propriétaire, aimait à consacrer tous ses soins. Membre correspondant de la Société centrale d'Agriculture de France, il voulut faire profiter de ses lumières la Société d'Agriculture de Verdun dont à plusieurs reprises il fut le président.

Nous qui avons eu l'honneur d'être ses collègues, nous savons avec quelle ardeur il nous précédait dans la voie du progrès; grâces à son initiative et à ses largesses, les questions les plus intéressantes étaient constamment à l'ordre du jour. Les instruments perfectionnés, les engrais chimiques, la culture du tabac, le laboratoire de chimie agricole, rien n'échappait à son active et intelligente sollicitude.

Mais qu'est-il besoin d'insister sur un dévouement de tous les instants, quand nous savons tous que, semblable au brave soldat, notre cher et dévoué président est mort sur la brèche, victime de son amour du devoir.

Depuis quelque temps sa santé ébranlée nous donnait des craintes; ses amis l'engageaient à prendre quelque repos, mais sa passion du bien, son ardeur à servir son pays jusqu'à l'épuisement de ses forces, l'empêchaient d'écouter les conseils de l'amitié. Il voulut venir deux jours de suite à Verdun pour présider notre Société et se retrouver au milieu de l'élite des cultivateurs, ses pairs et ses amis. Hélas! il avait trop présumé de ses forces!

C'est ainsi, que ceux qui ont reçu de leurs ancêtres les véritables traditions de l'amour du pays, se donnent à lui tout entiers. Ils travaillent toute leur vie pour le servir et ils tombent simplement au champ d'honneur victimes du devoir!... Faire son devoir : Grand mot, Messieurs, trop méconnu de nos jours et que nous revendiquons hautement comme notre patrimoine le plus précieux! Heureux le pays qui comprend ces dévouements et sait les faire revivre en entourant d'hommages et de respect la mémoire de ses serviteurs. La reconnaissance grandit les peuples comme les simples particuliers, et enfante de nouveaux dévouements...

En terminant, Messieurs, que notre pensée se tourne vers cette noble veuve qui partageait avec tant de cœur les généreuses préoccupations de celui qu'elle ne devait revoir qu'au moment où il allait remettre son âme à Dieu. Une seule pensée peut l'aider à supporter ce cruel sacrifice : c'est de nous savoir tous unis à elle pour demander à Dieu de recevoir dans sa miséricorde celui qui a toujours su servir son Dieu, ses concitoyens et son pays!...

En votre nom à tous, Messieurs, je dis un solennel adieu, au bienfaiteur de ce canton, à notre ami fidèle et dévoué, à M. le vicomte d'ABANCOURT!...

(*Courrier de Verdun*, 24 décembre 1875.)

COUR DES COMPTES.

Audience publique du 7 janvier 1876.

Présidence de M. le premier Président de Royer.

La Cour des Comptes, réunie dans sa grand'chambre, au Palais-Royal, sous la présidence de M. le premier Président de Royer, a tenu, le vendredi 7 janvier 1876, son audience publique trimestrielle.

M. le premier Président prend la parole en ces termes :

Messieurs,

Le trimestre qui vient de finir a vu s'éteindre dans la retraite prématurée qu'il s'était imposée, M. le vicomte Harmand d'Abancourt, qui, après avoir été chef du secrétariat de la première présidence, avait exercé pendant vingt ans les fonctions de greffier en chef de la Cour [1] et avait mérité, en se retirant, le titre de greffier en chef honoraire.

---

(1) Du 4 juillet 1844 au 26 avril 1864.

M. d'Abancourt était chevalier de la Légion d'honneur depuis le 28 avril 1847. Il avait à peine atteint l'âge de 68 ans. Il est mort presque subitement à Verdun, le 24 novembre dernier, au moment où il allait présider une séance de la Société d'Agriculture de la Meuse.

Personne ici n'a oublié les services que M. d'Abancourt a rendus, l'attachement profond qu'il portait à la Cour, l'estime et l'affection qu'il s'était conciliées par l'honorabilité et la droiture de son caractère.

Ces sentiments, qui l'avaient suivi dans la retraite, il les avait retrouvés au sein des populations qu'il représentait au Conseil général de la Meuse et dont il défendait les intérêts avec autant de dévouement que de patriotisme. Les derniers honneurs rendus à sa mémoire, les paroles prononcées sur sa tombe par un homme de courage et de cœur [1], nous en apportent le pieux et irrécusable témoignage.

Le vicomte d'Abancourt portait un de ces noms qui obligent. Il était le neveu et le gendre du président d'Abancourt, qui vous avait longtemps appartenu, qui avait fait partie de la Chambre des Pairs [2] et dont le souvenir est partout respecté. Comme ceux dont il avait recueilli les traditions et les conseils, il a donné, jusqu'au dernier jour, l'exemple du dévouement au devoir et au pays.

---

(1) M. de Benoist, ancien député au Corps législatif, membre du Conseil général de la Meuse.

(2) Promotion du 3 octobre 1837.

Dieu l'en a récompensé en permettant que ce précieux patrimoine de considération publique fût à son tour transmis par lui à des mains fermes et fidèles. Son fils, qui vient d'être appelé à le remplacer au Conseil général de la Meuse [1], soutiendra dignement, là comme au sein de la Cour, l'honneur de sa famille et de son nom.

(Journal officiel, 8 janvier 1876.)

CONSEIL GÉNÉRAL DE LA MEUSE.

Séance du 25 avril 1876.

Le Conseil général de la Meuse s'est réuni mardi, à 10 heures un quart du matin, à l'hôtel de la Préfecture, dans la salle ordinaire de ses délibérations.

M. SALMON préside la séance.

M. le Président s'exprime ainsi :

Depuis la dernière session, le Conseil général a fait une perte qui a éveillé dans nos cœurs de vifs regrets; un coup subit nous a enlevé M. le vicomte HARMAND d'ABANCOURT et a mis fin à une existence qui, quoiqu'elle n'eût pas atteint le terme ordinaire de la vie humaine, était déjà remplie des œuvres de l'homme de bien; le nom de

---

[1] Election du 26 décembre 1875, canton de Clermont.

M. d'Abancourt rappelle les services rendus au pays par une suite de générations, dans les rangs les plus élevés de la magistrature dont la mission est de veiller à la régularité des comptes de l'État, des communes et des établissements publics. Il y a près de quinze ans qu'il appartient au Conseil général de la Meuse; il y sera conservé, avec la noble notoriété qui s'attache à la pratique du dévouement, par le fils, que les électeurs du canton de Clermont ont donné pour successeur au père, qui avait conquis notre confiance, et qui a emporté, dans la tombe, notre estime et notre affection.

(Extrait des procès-verbaux du Conseil général.)

LE VICOMTE D'ABANCOURT.

M. le vicomte Harmand d'Abancourt, mort à Verdun il y a quelques semaines, et dont la perte a excité d'unanimes regrets, appartenait à une famille de Lorraine où le dévouement au pays est une tradition.

Né à Briey, en 1807, petit-fils d'un avocat général à la cour de Lorraine, et, par sa mère, du maréchal-de-camp de Vandale, dont le nom n'est oublié ni à Metz, ni à Nancy, neveu d'un député aux Etats généraux, il devint, par son mariage avec sa cousine, gendre du vicomte d'Abancourt, ancien préfet, président à la Cour des Comptes, pair de France, l'une des notabilités du pays de Lorraine.

Après avoir appartenu pendant trente ans à la Cour des Comptes, où il occupait de hautes fonctions, et où il n'a laissé que des amis, M. d'Abancourt faisait partie depuis quinze ans du Conseil général de la Meuse, et s'était exclusivement consacré aux intérêts du canton de Clermont, qui n'eût jamais plus dévoué ni plus éminent représentant.

Les relations que lui avaient créées une situation importante, et ses liens de parenté, empruntaient à ses yeux leur plus grande valeur, aux services qu'elles lui permettaient de rendre, au patronage qu'elles lui facilitaient en faveur de ses compatriotes, dont on peut dire que pas un ne lui a fait appel sans que son dévouement ait répondu.

Son expérience, ses conseils, son influence étaient toujours prêts. Son intelligente initiative, sa persévérante activité, contribuèrent puissamment à la création si importante pour le département de la Meuse de ce chemin de fer de Châlons à Metz par Verdun, qui, terminé quelques mois plus tôt en 1870, eut facilité les opérations militaires, et peut-être prévenu bien des désastres.

Doué d'un ardent amour du bien public, M. d'Abancourt avait la passion de servir ceux qui en étaient dignes; son affabilité allait au-devant d'une sollicitation craintive, et en aplanissait l'effort par un accueil dont la bienveillance ne se lassait jamais.

Ces souvenirs ne s'effaceront pas, et conserveront à sa mémoire la sympathie douloureuse, l'estime et le respect de ses compatriotes. Le vicomte d'Abancourt laisse, heureusement pour le pays, un fils qui continuera les traditions de sa famille, et soutiendra l'honneur de son nom.

(*Écho de l'Est*, 5 janvier 1876.)
(*Moniteur de la Moselle*, 18 janvier 1876.)
(*Journal de la Meurthe et des Vosges*, 21 janvier 1876.)

www.ingramcontent.com/pod-product-compliance
Lightning Source LLC
Chambersburg PA
CBHW060620050426
42451CB00012B/2348